LETTRE
DE J. J. ROUSSEAU,
DE GENEVE,
A M. GRIMM,

Sur la réfutation de son Discours,

Par M. GAUTIER,

Professeur de Mathématiques & d'Histoire, & Membre de l'Académie Royale des Belles-Lettres de Nancy.

E vous renvoye, Monsieur, le Mercure d'Octobre que vous avez eu la bonté de me prêter. J'y ai lu avec beaucoup de

A

plaisir la réfutation que M. Gautier a pris la peine de faire de mon Discours ; mais je ne crois pas être, comme vous le prétendez, dans la nécessité d'y répondre ; & voici mes objections.

1. Je ne puis me persuader que pour avoir raison, on soit indispensablement obligé de parler le dernier.

2. Plus je relis la réfutation, & plus je suis convaincu que je n'ai pas besoin de donner à M. Gautier d'autre réplique que le Discours même auquel il a répondu. Lisez, je vous prie, dans l'un & l'autre écrit les articles du luxe, de la guerre, des Académies, de l'éducation ; lisez la Prosopopée de Louis le Grand & celle de Fabricius ; enfin, lisez la conclusion de M. Gautier & la mienne, & vous comprendrez ce que je veux dire.

3. Je pense en tout si différemment

de M. Gautier, que s'il me falloit relever tous les endroits où nous ne sommes pas de même avis, je ferois obligé de le combattre, même dans les choses que j'aurois dites comme lui, & cela me donneroit un air contrariant que je voudrois bien pouvoir éviter. Par exemple, en parlant de la politesse, il fait entendre très-clairement que pour devenir homme de bien, il est bon de commencer par être hypocrite, & que la fausseté est un chemin sûr pour arriver à la vertu. Il dit encore que les vices ornés par la politesse ne sont pas contagieux, comme ils le seroient, s'ils se présentoient de front avec rusticité; que l'art de pénétrer les hommes a fait le même progrès que celui de se déguiser; qu'on est convaincu qu'il ne faut pas compter sur eux, à moins qu'on ne leur plaise ou qu'on ne leur soit utile;

qu'on sçait évaluer les offres spécieuses de la politesse ; c'est-à-dire, sans doute, que quand deux hommes se font des complimens, & que l'un dit à l'autre dans le fond de son cœur ; *je vous traite comme un sot, & je me mocque de vous,* l'autre lui répond dans le fond du sien; *je sçai que vous mentez impudemment, mais je vous le rends de mon mieux.* Si j'avois voulu employer la plus amére ironie, j'en aurois pu dire à peu près autant.

4. On voit à chaque page de la réfutation, que l'Auteur n'entend point ou ne veut point entendre l'ouvrage qu'il réfute, ce qui lui est assurément fort commode ; parceque répondant sans cesse à sa pensée, & jamais à la mienne, il a la plus belle occasion du monde de dire tout ce qu'il lui plaît. D'un autre côté, si ma réplique en devient plus difficile, elle en devient

aussi moins nécessaire : car on n'a jamais oui dire qu'un Peintre qui expose en public un tableau soit obligé de visiter les yeux des spectateurs, & de fournir des lunettes à tous ceux qui en ont besoin.

D'ailleurs, il n'est pas bien sûr que je me fisse entendre même en répliquant ; par exemple, je sçais, dirois-je à M. Gautier, que nos soldats ne sont point des Reaumurs & des Fontenelles, & c'est tant pis pour eux, pour nous, & sur-tout pour les ennemis. Je sçais qu'ils ne sçavent rien, qu'ils sont brutaux & grossiers, & toutesfois j'ai dit, & je dis encore, qu'ils sont énervés par les Sciences qu'ils méprisent, & par les beaux Arts qu'ils ignorent. C'est un des grands inconvéniens de la culture des Lettres, que pour quelques hommes qu'elles éclairent, elles corrompent à pure perte toute une nation. Or vous voyez bien, Monsieur, que ceci ne seroit qu'un autre paradoxe inexplicable pour M. Gautier; pour ce M. Gautier qui me demande fiérement ce que les Troupes ont de commun avec les Académies; si les soldats en auront plus de bravoure pour être mal vêtus & mal nourris; ce que je veux dire en avançant qu'à force d'honorer les talents on néglige les vertus; & d'autres questions semblables, qui toutes montrent qu'il est impossible d'y répondre intelligiblement au gré de celui qui les fait. Je crois que vous conviendrez que ce n'est pas la peine de m'expliquer une seconde fois pour n'être pas mieux entendu que la premiere.

Si je voulois répondre à la premiere partie de la réfutation, ce seroit le moyen de ne jamais finir. M. Gautier juge à propos de me préferire les

Auteurs que je puis citer, & ceux qu'il faut que je rejette. Son choix est tout-à-fait naturel; il récuse l'autorité de ceux qui déposent pour moi, & veut que je m'en rapporte à ceux qu'il croit m'être contraires. En vain voudrois-je lui faire entendre qu'un seul témoignage en ma faveur est décisif, tandis que cent témoignages ne prouvent rien contre mon sentiment, parceque les témoins sont parties dans le procès; en vain le prierois-je de distinguer dans les exemples qu'il allégue; en vain lui représenterois-je qu'être barbare ou criminel sont deux choses tout à-fait différentes, & que les peuples véritablement corrompus sont moins ceux qui ont de mauvaises Loix, que ceux qui méprisent les Loix; sa réplique est aisée à prévoir: Le moyen qu'on puisse ajoûter foi à des Ecrivains scandaleux, qui osent louer des barbares qui ne sçavent ni lire ni écrire! Le moyen qu'on puisse jamais supposer de la pudeur à des gens qui vont tout nuds, & de la vertu à ceux qui mangent de la chair cruë? Il faudra donc disputer. Voilà donc Herodote, Strabon, Pomponius-Mela aux prises avec Xenophon, Justin, Quinte-Curse, Tacite; nous voilà donc dans les recherches de Critiques, dans les Antiquités, dans l'érudition. Les Brochures se transforment en Volumes, les Livres se multiplient, & la question s'oublie: c'est le sort des disputes de Littérature, qu'après des in-Folio d'éclaircissemens, on finit toûjours par ne sçavoir plus où l'on en est: ce n'est pas la peine de commencer.

Si je voulois répliquer à la seconde Partie, cela seroit bien-tôt fait; mais je n'apprendrois rien à personne. M. Gautier se contente, pour m'y refuter, de dire oui par-tout où j'ai dit non, & non par-tout où j'ai dit oui; je n'ai donc qu'à dire encore non par-tout où j'avois dit non, oui par-tout où j'avois dit oui, & supprimer les preuves, j'aurai très-exactement répondu. En suivant la méthode de M. Gautier, je ne puis donc répondre aux deux Parties de la réfutation sans en dire trop & trop peu : or je voudrois bien ne faire ni l'un ni l'autre.

6. Je pourrois suivre une autre méthode, & examiner séparément les raisonnemens de M. Gautier, & le stile de la réfutation.

Si j'examinois ses raisonnemens, il me seroit aisé de montrer qu'ils portent tous à faux, que l'Auteur n'a point saisi l'état de la question, & qu'il ne m'a point entendu.

Par exemple, M. Gautier prend la peine de m'apprendre qu'il y a des peuples vicieux qui ne font pas fçavans, & je m'étois déja bien douté que les Kalmouques, les Bedouins, les Caffres, n'étoient pas des prodiges de vertu ni d'érudition. Si M. Gautier avoit donné les mêmes foins à me montrer quelque Peuple fçavant qui ne fut pas vicieux, il m'auroit furpris davantage. Par tout il me fait raifonner comme fi j'avois dit que la Science eft la feule fource de corruption parmi les hommes ; s'il a cru cela de bonne foi, j'admire la bonté qu'il a de me répondre.

Il dit que le commerce du monde fuffit pour acquérir cette politeffe dont fe pique un galant homme ; d'où il conclut qu'on n'eft pas fondé à en faire honneur aux Sciences ; mais à quoi donc nous permettra-t-il d'en faire honneur ? Depuis que les hommes vivent en fociété, il y a eu des

Peuples polis, & d'autres qui ne l'étoient pas. M. Gautier a oublié de nous rendre raison de cette différence.

M. Gautier est par-tout en admiration de la pureté de nos mœurs actuelles. Cette bonne opinion qu'il en a fait assurément beaucoup d'honneur aux siennes; mais elle n'annonce pas une grande expérience. On diroit au ton dont il en parle qu'il a étudié les hommes comme les Péripatéticiens étudioient la Physique, sans sortir de son cabinet. Quant à moi, j'ai fermé mes Livres; & après avoir écouté parler les hommes, je les ai regardé agir. Ce n'est pas une merveille qu'ayant suivi des méthodes si différentes, nous nous rencontrions si peu dans nos jugemens. Je vois qu'on ne sçauroit employer un langage plus honnête que celui de notre siécle; & voilà ce qui frappe M. Gautier: mais je vois encore qu'on ne sçauroit avoir des mœurs plus corrompuës, & voilà ce qui me scandalise. Pensons-nous donc être devenus gens de bien, parce qu'à force de donner des noms décens à nos vices, nous avons appris à n'en plus rougir ?

Il dit encore que quand même on pourroit prouver par des faits que la dissolution des mœurs a toujours régné avec les Sciences, il ne s'ensuivroit pas que le fort de la probité dépendît de leur progrès. Après avoir employé la premiére Partie de mon Discours à prouver que ces choses avoient toûjours marché ensemble ; j'ai destiné la seconde à montrer qu'en effet l'une tenoit à l'autre : A qui donc puis-je imaginer que M. Gautier veut répondre ici ?

Il me paroît sur-tout très-scandalisé de la maniére dont j'ai parlé de l'éducation des Colleges. Il m'apprend

qu'on y enseigne aux jeunes gens je ne sçais combien de belles choses qui peuvent être d'une bonne ressource pour leur amusement quand ils seront grands ; mais dont j'avoue que je ne vois point le rapport avec les devoirs des Citoyens, dont il faut commencer par les instruire. » Nous nous enque-
» rons volontiers sçait-il du Grec & du
» Latin ? Ecrit-il en vers ou en prose ?
» Mais s'il est devenu meilleur ou plus
» avisé, c'étoit le principal ; & c'est ce
» qui demeure derriére. Criez d'un
» Passant à notre Peuple, *ô le sçavant*
» *homme* ! & d'un autre, *ô le bon-hom-*
» *me* ! Il ne faudra pas à détourner ses
» yeux & son respect vers le premier.
» Il y faudroit un tiers Crieur. *O les*
» *lourdes têtes* !

J'ai dit que la Nature a voulu nous préserver de la Science comme une mere arrache une arme dangereuse des mains de son enfant, & que la peine que nous trouvons à nous instruire n'est pas le moindre de ses bienfaits. M. Gautier aimeroit autant que j'eusse dit: Peuples, sçachez donc une fois que la Nature ne veut pas que vous vous nourrissiez des productions de la terre; la peine qu'elle a attachée à sa culture est un avertissement pour vous de la laisser en friche. M. Gautier n'a pas songé, qu'avec un peu de travail, on est sûr de faire du pain; mais qu'avec beaucoup d'étude il est très-douteux qu'on parvienne à faire un homme raisonnable. Il n'a pas songé encore que ceci n'est précisément qu'une observation de plus en ma faveur; car pourquoi la Nature nous a-t-elle imposé des travaux nécessaires, si ce n'est pour nous détourner des occupations oiseuses ? Mais au mépris qu'il montre pour l'agriculture, on voit aisément que s'il ne tenoit qu'à lui, tous les Laboureurs déserteroient bien-tôt les Campagnes pour aller argumenter dans les Ecoles, occupation, selon M. Gautier, & je crois, selon bien des Professeurs, fort importante pour le bonheur de l'Etat.

En raisonnant sur un passage de Platon, j'avois présumé que peut-être les anciens Egyptiens ne faisoient-ils pas des Sciences tout le cas qu'on auroit pû croire. L'Auteur de la refutation me demande comment on peut faire accorder cette opinion avec l'inscription qu'Osymandias avoit mise à sa Bibliothéque. Cette difficulté eût pû être bonne du vivant de ce Prince. A présent qu'il est mort, je demande à mon tour où est la nécessité de faire accorder le sentiment du Roi Osymandias avec celui des Sages d'Egypte. S'il eût compté, & sur-tout pesé les voix, qui me répondra que le mot de *poisons* n'eut pas été substitué à celui de *remédes*? Mais passons cette fastueuse Inscription. Ces remédes sont excellens, j'en conviens, & je l'ai déja répété bien des fois ; mais est-ce une raison pour les administrer inconsidérément, & sans égard aux tempéramment des malades? Tel aliment est très-bon en soi, qui dans un estomac infirme ne produit qu'indigestions & mauvaises humeurs. Que diroit-on d'un Médecin, qui après avoir fait l'éloge de quelques viandes succulentes, concluerait que tous les malades s'en doivent rassasier?

J'ai fait voir que les Sciences & les Arts énervent le courage. M. Gautier appelle cela une façon singuliére de raisonner, & il ne voit point la liaison qui se trouve entre le courage & la vertu. Ce n'est pourtant pas, ce me semble,

semble, une chose si difficile à comprendre. Celui qui s'est une fois accoutumé à préférer sa vie à son devoir, ne tardera guéres à lui préférer encore les choses qui rendent la vie facile & agréable.

J'ai dit que la Science convient à quelques grands génies ; mais qu'elle est toujours nuisible aux Peuples qui la cultivent. M. Gautier dit que Socrate & Caton, qui blâmoient les Sciences, étoient pourtant eux-mêmes de fort sçavans Hommes ; & il appelle cela m'avoir réfuté.

J'ai dit que Socrate étoit le plus sçavant des Athéniens, & c'est de là que je tire l'autorité de son témoignage : tout cela n'empêche point M. Gautier de m'apprendre que Socrate étoit sçavant.

Il me blâme d'avoir avancé que Caton méprisoit les Philosophes Grecs ;

B

& il se fonde sur ce que Carneade se faisoit un jeu d'établir & de renverser les mêmes proposition ; ce qui prévint mal à-propos Caton contre la Littérature des Grecs. M. Gautier devroit bien nous dire quel étoit le pays & le métier de ce Carneade.

Sans doute que Carneade est le seul Philosophe ou le seul Sçavant qui se soit piqué de soutenir le pour & le contre ; autrement tout ce que dit ici M. Gautier ne signifieroit rien du tout. Je m'en rapporte sur ce point à son érudition.

Si la réfutation n'est pas abondante en bons raisonnemens, en revanche elle l'est fort en belles déclamations. L'Auteur substitue par tout les ornemens de l'art à la solidité des preuves qu'il promettoit en commençant ; & c'est en prodiguant la pompe oratoire dans une réfutation, qu'il me reproche à moi de l'avoir employée dans un Discours Académique.

A quoi tendent donc, dit M. Gautier, *les éloquentes déclamations de M. Rousseau ?* A abolir, s'il étoit possible, les vaines déclamations des Colléges. *Qui ne seroit pas indigné de l'entendre assurer que nous avons les apparences de toutes les vertus sans en avoir aucune.* J'avoue qu'il y a un peu de flaterie à dire que nous en avons les apparences ; mais M. Gautier auroit dû mieux que personne me pardonner celle-là. *Eh! pourquoi n'a-t'on plus de vertu ? c'est qu'on cultive les Belles-Lettres, les Sciences & les Arts.* Pour cela précisément. *Si l'on étoit impolis, rustiques, ignorans, Goths, Huns, ou Vandales, on seroit digne des éloges de M. Rousseau.* Pourquoi non ? Y a-t'il quelqu'un de ces noms-là qui donne l'exclusion à la vertu ? *Ne se lassera-t'on point d'invectiver les*

B ij

hommes ? Ne se lasseront-ils point d'être méchans ? *Croira-t'on toûjours les rendre plus vertueux, en leur disant qu'ils n'ont point de vertu ?* Croira-t'on les rendre meilleurs, en leur persuadant qu'ils sont assez bons ? *Sous prétexte d'épurer les mœurs, est-il permis d'en renverser les appuis ?* Sous prétexte d'éclairer les esprits, faudra-t'il pervertir les ames ? *O doux nœuds de la société ! charme des vrais Philosophes, aimables vertus ; c'est par vos propres attraits que vous régnez dans les cœurs ; vous ne devez votre empire ni à l'âpreté stoïque, ni à des clameurs barbares, ni aux conseils d'une orgueilleuse rusticité.*

Je remarquerai d'abord une chose assez plaisante ; c'est que de toutes les Sectes des anciens Philosophes que j'ai attaquées comme inutiles à la vertu, les Stoïciens sont les seuls que M. Gautier m'abandonne, & qu'il semble même vouloir mettre de mon côté. Il a raison ; je n'en serai guéres plus fier.

Mais voyons un peu si je pourrois rendre exactement en d'autres termes le sens de cette exclamation : *O aimables vertus ! c'est par vos propres attraits que vous régnez dans les ames. Vous n'avez pas besoin de tout ce grand appareil d'ignorance & de rusticité. Vous sçavez aller au cœur par des routes plus simples & plus naturelles. Il suffit de sçavoir la Rhétorique, la Logique, la Physique, la Métaphysique & les Mathématiques, pour acquérir le droit de vous posseder !*

Autre exemple du stile de M. Gautier.

Vous sçavez que les Sciences dont on occcupe les jeunes Philosophes dans les Universités, sont la Logique, la Métaphysique, la Morale, la Physique, les Mathématiques élémentaires. Si je l'ai sçû, je l'avois oublié, comme nous faisons tous en devenant raisonnables. *Ce sont donc là, selon vous, de stériles spéculations !* stériles selon l'opinion commune ; mais, selon moi, très-fertiles en mauvaises choses. *Les Universités vous ont une grande obligation de leur avoir appris que la vérité de ces sciences s'est retirée au fond d'un puits.* Je ne crois pas avoir appris cela à personne. Cette sentence n'est point de mon invention ; elle est aussi ancienne que la Philosophie. Au reste, je sçais que les Universités ne me doivent aucune reconnoissance ; & je n'ignorois pas, en prenant la plume, que je ne pouvois à la fois faire ma cour aux hommes, & rendre hommage à la vérité. *Les grands Philosophes qui les possedent dans un dégré éminent sont sans doute bien surpris d'apprendre qu'ils ne sçavent rien.* Je crois qu'en effet ces grands

Philosophes qui possedent toutes ces grandes sciences dans un dégré éminent, seroient très surpris d'apprendre qu'ils ne sçavent rien. Mais je serois bien plus surpris moi-même, si ces hommes qui sçavent tant de choses, sçavoient jamais celle-là.

Toutes ces maniéres d'écrire & de raisonner, qui ne vont point à un homme d'autant d'esprit que M. Gautier me paroît en avoir, m'ont fait faire une conjecture que vous trouverez hardie, & que je crois raisonnable. Il m'accuse très-sûrement sans en rien croire, de n'être point persuadé du sentiment que je soutiens. Moi, je le soupçonne, avec plus de fondement, d'être en secret de mon avis. Les places qu'il occupe, les circonstances où il se trouve l'auront mis dans une espéce de nécessité de prendre parti contre moi. La bienséance de notre siécle est bonne à bien des choses; il m'aura donc réfuté par bienséance; mais il aura pris toutes sortes de précautions, & employé tout l'art possible pour le faire de maniere à ne persuader personne.

C'est dans cette vûë qu'il commencé par déclarer très mal-à-propos que la cause qu'il défend intéresse le bonheur de l'assemblée devant laquelle il parle, & la gloire du grand Prince sous les loix duquel il a la douceur de vivre. C'est précisément comme s'il disoit; vous ne pouvez, Messieurs, sans ingratitude envers votre respectable Protecteur, vous dispenser de me donner raison ; & de plus, c'est votre propre cause que je plaide aujourd'hui devant vous ; ainsi de quelque côté que vous envisagiez mes preuves, j'ai droit de compter que vous ne vous rendrez pas difficiles sur leur solidité. Je dis que tout homme qui parle ainsi a plus d'attention à fermer la bouche aux gens que d'envie de les convaincre.

Si vous lisez attentivement la réfutation, vous n'y trouverez presque pas une ligne qui ne semble être là pour attendre & indiquer sa réponse. Un seul exemple suffira pour me faire entendre.

Les victoires que les Athéniens remporterent sur les Perses & sur les Lacédémoniens mêmes font voir que les Arts peuvent s'associer avec la vertu militaire.

Je demande si ce n'est pas là une adresse pour rappeller ce que j'ai dit de la défaite de Xerxès, & pour me faire songer au dénoüement de la guerre du Peloponèse. *Leur gouvernement devenu venal sous Periclès, prend une nouvelle face ; l'amour du plaisir étouffe leur bravoure, les fonctions les plus honorables sont avilies, l'impunité multiplie les mauvais Citoyens, les fonds destinés à la guerre sont destinés à nourrir la molesse & l'oisiveté ; toutes ces causes de corruption quel rapport ont-elles aux Sciences ?*

Que fait ici M. Gautier, si non de rappeller toute la seconde Partie de mon Discours où j'ai montré ce rapport ? Remarquez l'art avec lequel il nous donne pour causes les effets de la corruption, afin d'engager tout homme de bon sens à remonter de lui-même à la premiére cause de ces causes prétenduës. Remarquez encore comment, pour en laisser faire la réflexion au Lecteur, il feint d'ignorer ce qu'on ne peut supposer qu'il ignore en effet, & ce que tous les Historiens disent unanimement, que la dépravation des mœurs & du gouvernement des Athéniens furent l'ouvrage des Orateurs. Il est donc certain que m'attaquer de cette maniére, c'est bien clairement m'indiquer les réponses que je dois faire.

Ceci n'est pourtant qn'une conjecture que je ne prétends point garantir. M. Gautier n'approuveroit peut-être pas que je voulusse justifier son sçavoir aux dépens de sa bonne foi : mais si en effet il a parlé sincérement en réfutant mon Discours, comment M. Gautier, Professeur en Histoire, Professeur en Mathématique, Membre de l'Académie de Nancy, ne s'est-il pas un peu défié de tous les titres qu'il porte ?

Je ne répliquerai donc pas à M. Gautier, c'eſt un point réſolu. Je ne pourrois jamais répondre férieuſement, & ſuivre la réfutation pied à pied; vous en voyez la raiſon; & ce ſeroit mal reconnoître les éloges dont M. Gautier m'honore, que d'employer le *ridiculum acri*, l'ironie & l'amére plaiſanterie. Je crains bien déja qu'il n'ait que trop à ſe plaindre du ton de cette Lettre : au moins n'ignoroit-il pas en écrivant ſa réfutation, qu'il attaquoit un homme qui ne fait pas aſſez de cas de la politeſſe pour vouloir apprendre d'elle à déguiſer ſon ſentiment.

Au reſte, je ſuis prêt à rendre à M. Gautier toute la juſtice qui lui eſt dûë. Son Ouvrage me paroît celui d'un homme d'eſprit qui a bien des connoiſſances. D'autres y trouveront peut-être de la Philosophie; quant à moi j'y trouve beaucoup d'érudition.

Je suis de tout mon cœur, Monsieur, &c.

———

P. S. Je viens de lire dans la Gazette d'Utrecht du 22 Octobre, une pompeuse exposition de l'Ouvrage de M. Gautier, & cette exposition semble faite exprès pour confirmer mes soupçons. Un Auteur qui a quelque confiance en son Ouvrage laisse aux autres le soin d'en faire l'éloge, & se borne à en faire un bon Extrait. Celui de la réfutation est tourné avec tant d'adresse que, quoiqu'il tombe uniquement sur des bagatelles que je n'avois employées que pour servir de transitions, il n'y en a pas une seule sur laquelle un Lecteur judicieux puisse être de l'avis de M. Gautier.

Il n'est pas vrai, selon lui, que ce soit des vices des hommes que l'Histoire tire son principal interêt.

Je pourrois laisser les preuves de raisonnement ; & pour mettre M. Gautier sur son terrain, je lui citerois des autorités.

Heureux les Peuples dont les Rois ont fait peu de bruit dans l'Histoire.

Si jamais les hommes deviennent sages, leur histoire n'amusera guéres.

M. Gautier dit avec raison qu'une société fut-elle toute composée d'hommes justes ne sçauroit subsister sans Loix ; & il conclut de-là qu'il n'est pas vrai que, sans les injustices des hommes, la Jurisprudence seroit inutile. Un si sçavant Auteur confondroit-il la Jurisprudence & les Loix ?

Je pourrois encore laisser les preuves de raisonnement ; & pour mettre M. Gautier sur son terrain, je lui citerois des faits.

Les Lacédémoniens n'avoient ni Jurisconsultes ni Avocats ; leurs Loix n'étoient pas même écrites : cependant ils avoient des Loix. Je m'en rapporte à l'érudition de M. Gautier, pour sçavoir si les Loix étoient plus mal observées à Lacédémone, que dans les Pays où fourmillent les Gens de Loi.

Je ne m'arrêterai point à toutes les minuties qui servent de texte à M. Gautier, & qu'il étale dans la Gazette; mais je finirai par cette observation, que je soumets à votre examen.

Donnons par tout raison à M. Gautier, & retranchons de mon Discours toutes les choses qu'il attaque, mes preuves n'auront presque rien perdu de leur force. Otons de l'écrit de M. Gautier tout ce qui ne touche pas le fond de la question; il n'y restera rien du tout.

Je concluds toujours qu'il ne faut point répondre à M. Gautier.

A Paris, ce premier Nov. 1751.

www.ingramcontent.com/pod-product-compliance
Lightning Source LLC
Chambersburg PA
CBHW060616050426
42451CB00012B/2279